AF258381

BIBLIOTHÈQUE HISTORIQUE.

PREMIÈRE LIVRAISON.

MÉHÉMET-ALI.

PRIX : 25 CENTIMES.

Paris,

JULES LAISNÉ, ÉDITEUR.

PASSAGE VÉRO-DODAT.

1840.

MÉHÉMET-ALI.

Cet homme, sur qui les yeux du monde entier sont aujourd'hui fixés, que le sort a rendu, pour ainsi dire, l'arbitre de la paix ou de la guerre, qui jette un regard de convoitise sur le trône des sultans et dont les armes victorieuses menacent incessamment la capitale de l'empire d'Orient, est le fils d'un commissaire de police (*boulouck-bassis*) d'une petite ville de Macédoine. Méhémet-Ali est né en 1769, à Cavala.

Là, et sous un tel maître, il apprit comment il fallait s'y prendre pour réprimer une émeute, traiter avec les vainqueurs ou les vaincus, rançonner les populations et apaiser les clameurs populaires. Du reste, cet enseignement lui dura peu ; son père, le boulouck-bassis, mourut lorsque Méhémet-Ali était bien jeune encore. L'orphelin fut heureusement recueilli par un aga qui l'avait pris en affection et dont il sut mériter la bienveillance. Nul ne s'entendait mieux que Méhémet à caresser la barbe grise du vieillard, à bourrer sa pipe, à éveiller par son ton enjoué sa bonne humeur ; aussi le vieil aga jura-t-il par la barbe révérée du Prophète qu'il se chargeait de la carrière militaire et de la fortune de son protégé.

Méhémet avait de l'ambition : il ne put voir de queue de cheval sans songer à un pachalik futur. En attendant, il déploya la plus grande activité, s'occupa du trafic des tabacs, et écouta avec admiration les récits que lui faisait sur l'Europe un négociant de Marseille qui l'avait pris en amitié. M. Lyon (c'est ainsi que s'appelait le négociant français) prit plaisir à satisfaire la curiosité enthousiaste de son élève et contribua beaucoup à éclairer ses idées sur l'Europe.

Méhémet, en retour, lui voua un vif attachement et conçut une haute idée de la nation française.

Cependant, grâce à la sollicitude et à la munificence de son père adoptif, qui lui fit épouser une de ses parentes, Méhémet vivait au sein du bonheur et dans l'opulence. C'était à la fois le plus riche spéculateur sur les tabacs, le plus brave guerrier, le plus fin politique et le plus heureux père de famille de Cavala. C'est au milieu de ces circonstances, en 1800, qu'arriva tout à coup un ordre du sultan, à l'effet de mobiliser un corps de trois cents hommes pour aller renforcer le contingent de la grande armée qui devait chasser les Français d'Égypte. Le fils du gouverneur et Mohammed furent chargés de conduire ces troupes à la flotte turque, mais à peine débarqué à Aboukir, le fils du gouverneur, rebuté par les fatigues de la guerre, laissa à Mohammed seul le commandement des trois cents Roumélioles et s'en revint vers les délices de ses bains et les extases du harem.

Voilà comment Méhémet mit le pied en Egypte, qu'il ne devait plus quitter.

Après la bataille d'Aboukir, à laquelle il assista et où il se fit remarquer, il fut nommé *sazé-chesmé* (commandant de mille hommes). C'est alors qu'il put à ses dépens se convaincre de la supériorité de notre tactique militaire sur l'impétuosité désordonnée des Osmanlis ; c'est alors aussi que lui vint la pensée de la régénération de l'Egypte, en continuant l'œuvre de civilisation dont Napoléon avait jeté les premiers germes dans cette contrée.

La conquête de l'Egypte ne fut pas le moindre prodige dans ces temps si pleins de miracles. C'était la dernière croisade contre l'Orient ; mais ce n'était plus, comme jadis, une croisade entreprise au cri de *Dieu le veut !* c'était une croisade rationnelle, calculée en vue d'intérêts matériels, sans foi, sans vœux, sans dévotion. Quoi qu'il en fût, l'Egypte, cette vieille terre des morts, l'Egypte galvanisée venait de renaître. Le silence sépulcral des Pyramides avait été interrompu

par le cliquetis des armes et le bruit des
baïonnettes françaises , ainsi que par le
tonnerre des canons chargés à mitraille.
Dans le Caire régnait le grand sultan Buo-
naberdi, avec ses pachas à deux et trois
queues, et sa milice armée d'une foi nouvelle, qui avait beaucoup de rapport avec
celle du Prophète.

Cependant l'expédition de Syrie avait
échoué ; une insurrection avait eu lieu
au Caire, mais avait été réprimée ; au sud
de l'Égypte, près de Thèbes aux cent
portes, Desaix , le sultan juste, avait mis
en déroute Mourad-Bey, malgré la résis-
tance désespérée des mameluks. C'est
dans ces conjonctures qu'arriva Méhémet, à la tête de ses trois cents Roumé-
liotes, juste à propos, ainsi que nous
l'avons déjà dit , pour essuyer avec toute
l'armée turque la sanglante défaite d'A-
boukir et assister au départ de Napoléon,
pressé de voir mûrir le 18 brumaire et les
lauriers de la deuxième campagne d'Ita-
lie. En conséquence, Kléber, le sultan au
bras d'or, poursuivit la guerre jusqu'à ce
qu'il tombât victime d'un assassinat. Jac-
ques Menou , qui s'était fait musulman ,

hérita du commandement ; mais bientôt l'armée française, décimée par la peste, attaquée par les Anglais, dut songer à la retraite. La conquête fut abandonnée, et les Turcs s'écrièrent : « *Il n'y a qu'un Dieu, et Mahomet est son prophète.* » Ce départ effectué, les musulmans tournèrent leurs fureurs contre eux-mêmes.

On vit se renouveler entre les mameluks et les Turcs les luttes sanglantes qui avaient été déjà, au seizième siècle, si funestes aux premiers, alors que Sélim commandait les Turcs. Affaiblis par de nombreuses défaites, les mameluks avaient enfin conclu un traité de paix avec les Français, qu'ils regardaient comme invincibles. Les Turcs, qui allaient leur porter secours, rencontrèrent en eux des adversaires. Cependant des inimitiés éclatèrent aussi entre les beys des mameluks et les armèrent les uns contre les autres. Bardissy-Bey et Elfy-Bey, s'appuyant, l'un sur les Anglais, l'autre sur les Albanais, se faisaient une guerre à mort. C'est alors qu'apparaît Méhémet. Il faisait partie de la première expédition, et dans l'intervalle il s'était élevé aux premiers rangs de l'armée. C'était un chef d'un mérite reconnu. Il commença dès lors les intrigues qu'il devait voir, mais seulement quelques années après, couronnées de si éclatans succès. Placé entre les deux rivaux, tantôt il joue le rôle de conciliateur, tantôt celui d'auxiliaire; tout d'un coup il abandonne l'un et passe dans le camp de l'autre, qu'à son tour il abandonne bientôt si les chances se déclarent pour son adversaire. Méhémet a déjà transporté sa politique de ruse et d'astuce sur les champs de bataille; jamais il ne cède à l'entraînement, son esprit voit plus loin que les avantages minimes qu'il pourrait momentanément retirer d'un secours donné; il comprime son ambition et attend avec une impassibilité merveilleuse que le moment arrive où il pourra lui donner son essor. Tant que Méhémet n'était point lancé dans son intrigue personnelle, il avait garde de se commettre avec aucun parti, ni avec la Porte et ses ambassadeurs, ni avec les beys. Les dissensions de ces derniers surtout favorisèrent puissamment son rôle. Il prit des airs de dévouement en face de Kosrew, envoyé par la Porte ; mais il se fit en réalité battre deux fois par les mamelūks. Aussi Kosrew lui voua-t-il, à partir de ce moment, une haine qui survit encore, et dont s'est trouvée si longtemps compliquée la question d'Orient. Sur ces entrefaites, les Albanais voulurent exiger de Kosrew-Pacha l'arriéré de leur solde ; il répondit à leurs prétentions par des coups de canon.

Les Albanais, exaspérés, s'emparèrent de la citadelle et dirigèrent sur le palais du vice-roi l'artillerie de la forteresse. Kosrew fut forcé de fuir et se retira à Damiette.

Les Albanais nommèrent pour le remplacer leur général Tahir-Pacha, qui à son tour, n'ayant pu payer aux Turcs l'arriéré de la solde, fut décapité par deux officiers qui se ruèrent sur lui et lancèrent du haut d'une croisée sa tête sanglante au milieu des révoltés. Akmed-Pacha lui succéda et tenta vainement de rattacher Méhémet-Ali à sa cause. C'est alors que ce dernier fit un pas qui était hardi en apparence, mais qu'il savait fort bien être sans danger. Il se rendit dans le camp des mameluks et fit une alliance avec Bardissy. Mais en cette circonstance encore, fidèle à la devise romaine : *Divide et impera*, il divisa les intérêts et se créa de nouvelles ressources. Ce furent les Albanais. Plus tard il les employa dans toutes ses entreprises. Agens d'émeute, tantôt secrets, tantôt ostensibles, il sut exploiter leur bravoure, leur indiscipline et leur avidité. L'alliance des mameluks lui servit de plus en plus à balayer le terrain. Il marcha contre Kosrew, l'accula dans Damiette et le força bientôt de se rendre à discrétion.

Kosrew prisonnier fut conduit au Caire, et sa garde fut confiée au Nestor des mameluks, à Ibrahim-Bey.

Cependant la Porte avait envoyé Gézaïrly pour remplacer le vice-roi renversé et punir les auteurs de la révolte. Plus malheureux encore que son prédécesseur, il tomba entre les mains des Albanais et des mameluks, qui le mirent à mort ainsi que tous les gens de sa suite.

Ce fut peu de temps après cet événement que débarqua sur la plage d'Aboukir le rival d'Osman-Bey-Bardissy, Mo-

hammed-l'Elfy, qui était allé en Angleterre demander l'intervention du cabinet
de Saint-James en faveur des beys dans
les affaires d'Égypte. Osman-Bardissy ne
put voir sans ombrage son rival prendre
la route du Caire et venir partager la
puissance conquise en son absence. Ex-
cité par Méhémet-Ali, il fit main-basse
sur ceux des mameluks d'Elfy qui se
disposaient à se rendre auprès de lui, et
tenta de se défaire de lui dans un guet-
apens ; mais il ne réussit pas, l'Elfy
s'échappa et alla reformer son parti dans
la Haute-Égypte.

Il ne resta plus à ce moment à Méhémet
d'autre adversaire que son allié même,
Bardissy.

Or, les Albanais refusèrent, à l'insti-
gation de Méhémet, l'obéissance à Bardissy et demandèrent leur solde. Pour les
contenter, ce dernier leva de fortes con-
tributions sur le peuple. Quant à Méhémet, il se rapprocha des scheiks et des
ulémas. Il commenta dans des termes
amers ces désordres fomentés par lui-
même ; il montra au peuple à quoi abou-
tissaient les actes d'un oppresseur et d'un

mauvais administrateur, et parvint à amener progressivement la chute d'Os-man-Bardissy et son expulsion du Caire (1804).

Méhémet-Ali fit alors sortir de sa prison Kosrew-Pacha, et lui fit restituer sa vice-royauté ; mais deux jours après, les Albanais prononçaient sa déchéance et le faisaient embarquer pour Constantinople à Rosette.

Méhémet était alors très-près du but, quand apparut, pour éloigner encore sa perspective, un nouveau personnage, le troisième administrateur général délégué par la Porte, Kourschyd-Pacha.

Méhémet lui offrit, comme il l'avait fait à ses prédécesseurs, ses services. Il combattit les mameluks avec insuccès, retourna au Caire sans ordre et força l'administrateur général de charger la ville d'impôts les plus lourds. Un assaut des mameluks fut repoussé, et Méhémet trouva l'occasion favorable à de nouvelles machinations. Déjà le représentant de la Porte s'effaçait de plus en plus devant lui. Kourschyd voulut le charger d'une mission en Syrie, mais une députation du peuple vint le solliciter de rester. La Porte résolut alors de l'investir du pachalik de Geddah. Méhémet s'inclina humblement, prit l'investiture et endossa la fourrure d'honneur ; mais ses Albanais l'attaquèrent devant sa maison. Il leur adressa en souriant quelques paroles, et le tumulte fait d'après ses ordres cessa immédiatement. Le peuple se livra à des transports d'allégresse ; Méhémet monta à cheval, jeta de l'argent et de l'or à la foule et fut accueilli des scheicks avec respect. On fit le procès à Kourschyd à cause de ses exactions, et avant que sa défense n'arrivât du Caire, un firman de la Porte vint confirmer dans son usurpation Méhémet-Ali.

Le divan de Constantinople a toujours suivi, dans les troubles qui ont eu lieu dans les provinces de l'empire, ce système politique que le principe actuellement vainqueur était le principe juste.

La vice-royauté de Méhémet-Ali en Égypte date du 9 juillet 1805.

Le seul obstacle que rencontra dans son administration Méhémet-Ali furent les mameluks, qui n'étaient pas encore

vaincus. C'étaient des adversaires plus
acharnés encore de ses projets que les
janissaires ne l'étaient de ceux du sultan. Ils s'étaient mis en marche contre
lui, et une bataille était imminente ; dans
cette occurrence Méhémet appela la ruse
à son secours. Pour paralyser leur première agression, de faux rebelles, déta-
chés de son armée, les attirèrent vers le
Caire. Là il fondit sur eux, et ils virent
trop tard le piége qu'on leur avait tendu.
Quatre-vingt-trois têtes de mameluks furent, en guise de trophées, expédiées à
Constantinople.

Cependant la Porte, défiante et excitée
par les intrigues de l'Angleterre, ne sa-
chant d'ailleurs qui elle devait le plus
craindre dans les circonstances présentes,
ou du pacha ou de ses ennemis, qui d'ailleurs, par leurs divisions, donnèrent aux
Turcs prise sur eux, délégua deux fois
le capitan-pacha pour observer la conduite du satrape ; enfin elle lui expédia
un firman qui le nommait pacha de Salo-
nicki. C'était un ordre impérieux, quoi-
que déguisé, de quitter l'Egypte. Bientôt
le rétablissement de la paix entre Elfy-

ⁱnsurgés à des actes de violence ; ces actes de violence, qui presque toujours ne furent que d'énergiques représailles, ne manquèrent pas de soulever les clameurs de tous ceux qui fesaient des vœux pour le succès des Hellènes. Ibrahim fut représenté comme un tigre altéré du sang des descendants de Thémistocle, de Miltiade et de Périclès ; et tandis que les poëtes et les écrivains, invoquant le souvenir de Salamine et de Marathon, comparaient les Grecs modernes aux héros d'Homère, d'autres faisant intervenir le ciel dans la querelle, opposaient dans des phrases sonores, la croix au croissant, et ne trouvaient de guerriers illustres, de chevaliers sans peur et sans reproches , que parmi les défenseurs du *peuple héroïque,* du peuple *Chrétien.*—Le moyen alors que celui qui avait pour mission d'étouffer l'insurrection des protégés de l'Europe ne fût pas une *bête féroce,*

une espéce de **vampire** ! un monstre
affamé de carnage !

Le tems s'est chargé de répondre à toutes
ces odieuses imputations! Ibrahim, pour
avoir été l'adversaire des Grecs, ne s'est
jamais chargé du rôle de leur persécuteur ;
il les a combattus, sans haine, sans colère ,
et souvent les prisonniers qu'il envoya en
Egypte furent l'objet de sa bienveillante
protection. Ainsi tombe toute cette vaine
fantasmagorie d'actes barbares dont l'accu-
saient alors les cent mille voix de la presse
philenellène.

En dépit des échecs qu'il éprouva, l'expédition de Morée fut une école utile pour
Ibrahim ; il se trouva dans des positions
difficiles, et sa jeune expérience y reçut des
leçons, qui ont porté leurs fruits en mu-
rissant son jugement.

« Ce qu'il vit des troupes françaises, dit
« M. Clot-Bey, lui fit le plus grand plaisir.

en Égypte. Presque en même temps le Divan enjoignit à Méhémet d'envoyer une armée contre les Wahabytes, qui sont les protestans de l'islamisme.

Méhémet ne se refusa pas précisément, quand l'ordre lui en fut parvenu, à commander la campagne contre ces sectaires hérétiques ; mais ce fut deux ans seulement après qu'il obtempéra à cet ordre. Il s'était bien gardé jusque-là de s'éloigner d'une propriété qui était même si peu sûre entre ses mains ; il lui répugnait d'ailleurs de laisser derrière lui les mameluks, dont il redoutait les projets.

Ces derniers avaient en effet comploté de l'attaquer tandis que ses meilleurs soldats seraient occupés à cette expédition. Leur trame fut découverte. C'est alors qu'il exécuta ce drame sanglant qui, depuis répété à Constantinople contre les janissaires, était de nature à faire apprécier à l'Europe combien était encore éloignée l'alliance complète de la civilisation avec l'Asie. Cinq cent trente-huit mameluks furent égorgés par ordre de Méhémet-Ali dans un ravin de la forteresse du Caire. Débarrassé de ces inquiétudes,

Méhémet sentit que pour mener à fin ses projets il fallait donner aux esprits un aliment qui, en les occupant, lui permît de se livrer en sûreté à ses machinations. Il résolut de faire incessamment la guerre. C'est que la guerre occupe l'ambition des grands et l'avidité des subalternes. Aussi qu'en arriva-t-il ? C'est que les hostilités se prolongèrent indéfiniment, tantôt en Syrie, tantôt dans la partie méridionale de sa province, où il parvint à se susciter des ennemis. Cet état de choses s'explique d'ailleurs par une maxime qu'il paraît avoir apprise des monarchies européennes : « *Rendre sa famille aussi populaire que possible.* » Or, il lui fallait des guerres pour fournir à ses fils et à ses gendres, l'occasion de brillans faits d'armes.

L'expédition contre les Wahabytes ne fut pas très-avantageuse sous ce rapport. Toussoun-Pacha, son second fils, après une campagne semée de revers et de succès, conclut avec ces derniers un traité de paix qui ne fut point ratifié par son père, et se retira à Bérembal, situé sur les bords du Nil. Là, dans son sérail, entouré de ses odalisques, enivré de doux parfums et se livrant à de déplorables excès, il mourut dans les bras d'une belle Géorgienne.

Ce fut Ibrahim-Pacha qui fut chargé de mener à fin la guerre sainte. Brave, enthousiaste, excellent homme de guerre, il battit les Wahabytes et les mit dans l'impossibilité de tenter de nouvelles agressions. Méhémet eut la joie de voir son fils faire une entrée triomphale au Caire, et décoré par la Sublime-Porte du titre de prince de la Mecque, dignité qui l'élevait au premier rang dans l'ordre hiérarchique des pachas de l'empire.

C'est pendant la guerre contre les Wahabytes qu'eut lieu la première tentative de Méhémet-Ali, en 1815, pour organiser des troupes régulières. Les soldats turcs et albanais se soulevèrent et le contraignirent à différer l'exécution de ses projets. Il se débarrassa de ces bandes turbulentes en les envoyant guerroyer dans l'Arabie, le Sennar, le Kordofan. Le commandement de l'expédition fut confié à Ismayl-Pacha, le plus jeune des fils du vice-roi, qui périt d'une mort cruelle dans un guet-apens que lui tendit un chef indigène. Le malheureux Ismayl périt dans les flammes.

L'armée égyptienne, privée de son chef, opéra son mouvement de retraite ; mais un terrible vengeur parut. Le Defterdar-bey, gendre du vice-roi, avait promis de sacrifier vingt mille têtes aux mânes de son beau-frère, et l'on prétend qu'il dépassa sa promesse.

Le Sennar et le Kordofan furent soumis pendant l'année 1820.

Survint peu de temps après la mémorable insurrection des Grecs. Le chef de l'islamisme, incapable de récupérer par lui-même une des plus belles provinces de son empire, réclama les secours du vice-roi : Méhémet obéit aux ordres du sultan, et envoya son fils Ibrahim en Morée, où, en dépit des accusations de cruauté portées contre lui, sa conduite fut humaine et ne viola jamais les lois de la guerre.

Tout le monde connaît la funeste issue de cette lutte pour l'empire ottoman. La bataille de Navarin anéantit la flotte de Méhémet comme celle du sultan ; mais il se hâta de réparer ses pertes, et bientôt l'on vit s'élever dans le port d'Alexandrie une escadre plus considérable que celle que Navarin lui avait détruite.

C'est vers cette époque que Méhémet reprit son projet de réforme militaire, cette fois avec succès. Il fit construire à Syène une vaste caserne, où il fit réunir les esclaves nubiens que le Defterdar lui avait envoyés d'Egypte. Ce fut le colonel Sèves, un des braves officiers de notre armée impériale, que Méhémet chargea d'exécuter son projet. « Réussis, lui dit-il, et quelle que soit ton ambition, ma générosité ira au delà. »

De nombreuses manufactures d'armes furent établies sur les bords du Nil ; tout fut prévu pour satisfaire aux exigences de cette importante organisation.

L'occasion de faire l'essai des troupes disciplinées à l'européenne ne tarda pas à se présenter. Les Wahabytes levèrent de nouveau l'étendard de la révolte, et ils furent écrasés.

Lors de l'expédition de Morée, le sultan avait promis la Syrie à Méhémet-Ali. Au lieu de cette province, Candie seule lui fut abandonnée. Sur ces entrefaites le vice-roi eut à se plaindre d'Abdallah, pacha de Saint-Jean-d'Acre, qui encourageait sur ses frontières la contrebande avec l'Égypte et provoquait la désertion des ouvriers employés dans les fabriques du vice-roi. Il en vint même au point d'attirer six mille fellahs à Saint-Jean-d'Acre. Méhémet écrivit à Abdallah de les lui renvoyer, mais ce dernier répondit : « Qu'ils étaient sujets du sultan, et que peu importait qu'ils fussent en Égypte ou en Syrie. » Blessé de cette réponse, le vice-roi lui manda qu'il irait reprendre les six mille fellahs *avec un homme de plus*, et il tint parole. Abdallah est aujourd'hui prisonnier au Caire.

Le 2 novembre 1831, une armée d'invasion, forte de vingt-quatre mille hommes d'infanterie, de quatre régimens de cavalerie, de quarante pièces de campagne et d'un plus grand nombre de siége, marcha sur la Syrie. Ibrahim-Pacha reçut la glorieuse mission d'aller s'emparer de la ville réputée imprenable parmi les Orientaux, et contre laquelle étaient venus échouer les efforts du plus grand capitaine des temps modernes, de Napoléon ; mais, il faut se hâter de le dire, dans des circonstances bien différentes. Après s'être rendue maîtresse, presque sans coup-férir, de Gaza, de Jaffa et de Caïffa, l'armée expéditionnaire arriva en vue de Saint-Jean-d'Acre le 26 novembre. Saint-Jean-d'Acre résista pendant six mois ; Ibrahim l'emporta enfin d'assaut le 27 mai 1832. Quand cette nouvelle parvint à Constantinople, Mahmoud ne voulait pas y croire ; cependant Méhémet-Ali fut proclamé rebelle, et le sultan, qui avait déjà envoyé contre Ibrahim une nombreuse armée, ordonna une nouvelle levée de boucliers. Le 8 juillet, les deux armées se rencontrèrent à Homs. Ibrahim aborde l'ennemi par un terrible feu de mitraille, puis, chargeant à la baïonnette, il remporte une victoire complète. « Je n'hésite pas à dire, écrivait à son père Ibrahim dans son enthousiasme, qu'avec de pareilles troupes je ne craindrais pas deux ou trois cent mille osmanlis. » Les Turcs avaient en effet eu deux mille tués et les Arabes seulement cent deux.

La bataille de Homs décida de la conquête de la Syrie. Alep ouvrit ses portes

au vainqueur. En vain le grand-visir Hussein-Bey entreprit d'arrêter les Égyptiens
aux défilés de Beylan-Boghasi, quelques
heures suffirent pour le mettre en déroute. Une fois maître des défilés du Tau-
rus, Ibrahim s'avança rapidement dans
les plaines de l'Asie-Mineure et parvint,
le 22 décembre 1832, jusqu'à Koniah. Là
il rencontra Reyschid-Pacha, Reyschid,
le seul homme que Mahmoud eût jugé
capable de se mesurer avec Ibrahim,
Reyschid qu'il avait, dans cette circonstance, revêtu d'un pouvoir dictatorial, à
qui il avait dit : « Sauvez l'empire, et ma
reconnaissance pour vous et vos soldats
sera sans bornes. »

Ibrahim avait moins de trente mille
hommes, l'armée turque en comptait
soixante mille ; mais les Égyptiens avaient
pour eux le prestige de la victoire. Reyschid-Pacha succomba et devint le prisonnier de celui dont il avait juré d'anéan-
tir la puissance.

La victoire de Koniah ouvrait les portes
de Constantinople à Ibrahim ; mais sage
et modéré avant comme après la victoire,
le vice-roi se contenta de demander l'in-

vestiture de la Syrie. Elle lui fut refusée.

Ibrahim était à Kutayeh, à cinquante lieues de Constantinople. Les populations couraient à l'envi au-devant de sa domination. Le sultan, éperdu, se jeta entre les bras de la Russie, qui envoya vingt mille soldats à Constantinople et fit signer à Mahmoud le traité d'Unkiar-Skylessi, ce pacte honteux qui impose à la Turquie la protection des armées du **czar** et lui prescrit de fermer les Dardanelles aux vaisseaux des nations d'Europe, en cas de guerre de l'une d'elle avec la Russie. A dater de ce jour on peut dire que la mer Noire est devenue un lac russe. En vain la France et l'Angleterre ont énergiquement protesté contre cet inique traité, il subsiste, et le Bosphore reste un poste avancé prêt à recevoir garnison moscovite. Grâce à l'intervention des puissances, et surtout de la France, Mahmoud et le vice-roi entrèrent en arrangement : la Syrie et le district d'Adana furent cédés à Méhémet, qui se reconnut vassal du sultan et s'engagea à lui payer le même tribut que les anciens pachas de Syrie ; ce traité fut conclu le 14 mai 1833.

Ces événemens avaient prouvé d'une manière irrécusable la supériorité des armes égyptiennes sur celles de la Porte Ottomane. Méhémet crut pouvoir se reposer à l'ombre d'une paix si chèrement acquise et continuer son œuvre de régénération.

D'immenses travaux furent entrepris, l'Égypte fit un appel à la France : des ingénieurs, des médecins, des savans accoururent, et le flambeau de la civilisation recommença, sous le moderne Sésostris, à éclairer la terre féconde des Pharaons.

Cependant Mahmoud ne pouvait voir d'un œil tranquille la haute position que s'était faite son heureux rival. Après une lutte sourde de cinq ans, après avoir fomenté les troubles de Syrie qui ont occupé plusieurs années Ibrahim, lorsqu'il eut organisé son armée et sa flotte, qu'il crut pouvoir écraser son vassal, il jeta le masque. Poussé par une aveugle fatalité, il donna l'ordre, au commencement de l'année 1839, au séraskier Hafiz-Pacha d'envahir la Syrie. L'armée turque franchit l'Euphrate à Bir et vint camper à Nézib. Méhémet ordonna à son fils de marcher à l'ennemi, et le 24 juin se livra cette mémorable bataille. Tout le monde en sait les résultats. La victoire a donné gain de cause au vice-roi. Mahmoud est mort laissant le fardeau de l'empire à un enfant valétudinaire, et léguant la direction du gouvernement à Kosrew, celui-là même que Méhémet avait expulsé d'Egypte et dont la haine implacable pour ce dernier était bien connue du monarque expirant : c'était vouloir éterniser les hostilités. Survint alors la défection de la flotte ottomane. Le capitan-pacha, ennemi du visir, dont il craignait la vengeance personnelle, demanda asile et protection au vice-roi. Cependant la Russie, s'appuyant sur le traité d'Unkiar-Skylessi, avait mis ses troupes sur le pied de guerre, équipé sa flotte et déclaré qu'elle était prête à secourir son allié. Une nouvelle collision paraissait imminente, l'Europe s'en émut, les intérêts des puissances, étrangères dans le principe à ce conflit, se trouvèrent mis en

jeu, et la diplomatie s'empara du diffé-
rend. Quelle en sera la solution? Nous
l'ignorons, mais l'Orient est gros d'orages.
Si la destitution récente de Kosrew, si
l'offre faite par le vice-roi de restituer la
flotte ottomane semblaient annoncer une
pacification prochaine, de graves inci-
dens viennent non-seulement de l'ajour-
ner, mais de rendre le maintien de la
paix européenne plus douteux que jamais.

Grâce aux intrigues de l'Angleterre et
de la Russie, les avances faites par Méhémet-Ali ont été repoussées par le divan,
car Londres et Saint-Pétersbourg ont besoin d'un état de guerre permanent en
Orient. De ces deux puissances, l'une a
les yeux fixés sur le Bosphore, l'autre
sur la mer Rouge; toutes les deux aspi-
rent au démembrement de la Turquie,
l'une pour assurer la suprématie du czar
à Constantinople, l'autre son omnipotence
commerciale par l'occupation de l'Égypte
et de la Syrie.

L'Angleterre, l'Autriche, la Prusse
et la Russie se sont donc coalisées. Un
traité mystérieusement conclu, qui a pour

but de dépouiller Méhémet-Ali de la Syrie et de limiter ses droits sur les autres provinces qu'il gouverne, vient d'être insolemment signifié à la France, retranchée par ce fait de la communion des États européens. Mais que Méhémet-Ali se rassure; car il a pour lui les sympathies de la France, insultée par ce traité fait en dehors de sa présence, de la France, qui pour faire pencher la balance de son côté n'aurait besoin que de jeter dans le plateau où se pèsent les destinées de l'Égypte sa grande épée; qu'il demeure ferme dans ses prétentions en tant qu'elles seront justes, et si la foudre vient à éclater, l'Égypte et la France unies sauront en diriger les coups.

Nous ne terminerons pas cette courte notice sans citer le portrait physique que trace du vice-roi le docteur Clot-Bey dans l'ouvrage si remarquable qu'il vient de publier sur l'Égypte : « La taille de Méhémet est peu élevée, elle ne dépasse pas cinq pieds deux pouces; il est fortement constitué ; son tempérament est éminemment sanguin-nerveux. Dans son jeune âge ses cheveux et sa barbe étaient blonds ; il a le front saillant et découvert, les arcades sourcilières très-prononcées, les yeux châtain-clair, enfoncés dans leur orbite, le nez moyen, un peu renflé vers le bas, une petite bouche, de petites moustaches retroussées, la barbe blanche et peu fournie, le teint châtain-clair. L'ensemble de ses traits forme une physionomie agréable au plus haut point : vive et mobile, animée d'un regard scrutateur, elle présente un mélange heureux de finesse, de noblesse et d'amabilité. »

Une circonstance digne d'être remarquée chez un musulman, c'est qu'à l'exemple de l'empereur Napoléon il se promène habituellement les mains croisées derrière le dos. Simple dans son costume, il porte néanmoins une extrême recherche dans les soins de propreté intérieure. Sa sensibilité est extrême ; il pousse la tendresse envers ses enfans jusqu'au fanatisme. Quoi qu'on ait dit de son penchant à une excessive sévérité, il pardonne et oublie les fautes, même les plus graves, et ne se décide que difficilement à punir. Somme toute, Méhémet-Ali, on peut l'affirmer sans exagération, est l'un des plus grands génies que l'Orient ait produits.

Il y aurait sans doute beaucoup à dire sur la manière dont l'Égypte est administrée ; mais faut-il faire un crime au vice-roi de ce qui est peut-être pour lui, dans les circonstances où il se trouve, une nécessité. L'Égypte, sous son gouvernement, ressemble à un vaste domaine. Le mode d'administration a beaucoup d'analogie avec celui qui se pratique en Turquie ; ce sont des exactions, des fermages et des privilèges. Il assimile l'État à un monstre qui dévore tout. Le vice-roi est l'entre-preneur général de toutes les industries, le courtier de tout le commerce égyptien ; son trésor est la grande maison de ban-que qui tire des lettres de change pour toutes les sommes qui circulent dans le commerce de l'Égypte. Il s'aide en cela des principes de bureaucratie et de cen-tralisation de notre vieille Europe ; et il est possible que l'Asie ne puisse prospé-rer que par l'emploi de ces moyens.

Au reste, que l'on compare l'Égypte d'aujourd'hui avec l'Égypte d'il y a

trente ans, et le résultat de cette compa-
raison ne sera pas dépourvu d'une cer-
taine éloquence. Pauvre alors, dénuée
de tous moyens de défense, voyez-la
maintenant, riche par son commerce,
puissante par ses armes. Nous pensons
qu'il ne sera pas sans intérêt de faire
connaître le chiffre exact des forces mi-
litaires dont peut disposer le vice-roi :
troupes régulières, 130,000; — irrégu-
lières, 41,678; gardes nationales, 47,800;
ouvriers des fabriques manœuvrant,
15,000; hommes prêts des écoles, 12,000;
flottes, arsenal compris, 40,663; total,
276,793; sans compter 50,000 ouvriers
qui pourraient au besoin être mis sous les
armes. La flotte égyptienne se compose
de 11 vaisseaux de ligne, 7 frégates,
5 corvettes, 9 bricks ou goëlettes, 2 cut-
ters. La flotte turque aujourd'hui au pouvoir de Méhémet comprend 9 vaisseaux
de ligne, 11 frégates, 1 corvette, 3 bricks;
le total du personnel maritime de ces
deux flottes offre le chiffre cité plus
haut de 40,663. Croit-on maintenant
qu'un homme de la trempe du vice-roi,
comptant tant de moyens d'action si re-

doutables, se soumettra sans coup férir à l'ultimatum que se proposent de lui signifier la Russie, la Prusse, l'Autriche et l'Angleterre, surtout quand il sait qu'il a pour lui les sympathies de la France?

Méhémet-Ali a eu plusieurs enfans; l'aîné, celui qui est appelé à lui succéder, est Ibrahim-Pacha, né à Cavala en 1789, et par conséquent aujourd'hui âgé de cinquante et un ans; le second était Toussoun-Pacha, mort, ainsi que nous l'avons dit, à son retour de l'expédition qu'il commandait contre les Wahabytes. Méhémet eut encore à Cavala Ismayl-Pacha, qui a péri si malheureusement dans la guerre du Sennar. Les autres enfans du vice-roi, nés en Égypte et qui survivent, sont : Saïd-Bey, né en 1822 ; une fille, née en 1824 ; Hussein-Bey, né en 1825 ; Halim-Bey, en 1826, et Méhémet-Ali-Bey, en 1833, tous doués d'une intelligence remarquable et paraissant destinés à soutenir dignement la haute réputation de leur père.

O. F.

Batignolles-Monceaux, imprimerie d'Aug. Plsklz,
24, rue Lemercier.

www.ingramcontent.com/pod-product-compliance
Lightning Source LLC
Chambersburg PA
CBHW051340060726
47596CB00004B/1707